Este livro pertence aos pais

_____

_____

que sempre irão se lembrar

de rezar por seu(sua) amado(a) filho(a)

_____,

que nasceu no dia _____ de _____ de _____

e foi batizado(a) no dia _____ de _____ de _____ .

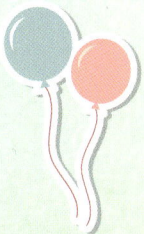

PE. FERDINANDO MANCILIO, C.SS.R.

Orações pelo bebê que nasceu

EDITORA
SANTUÁRIO

Direção Editorial: Pe. Fábio Evaristo Resende Silva, C.Ss.R.
Coordenação Editorial: Ana Lúcia de Castro Leite
Revisão: Luana Galvão
Diagramação e Capa: Mauricio Pereira

ISBN 978-85-369-0395-8

3ª impressão

Todos os direitos reservados à **EDITORA SANTUÁRIO** – 2022

Rua Pe. Claro Monteiro, 342 – 12570-000 – Aparecida-SP
Tel.: 12 3104-2000 – Televendas: 0800 - 0 16 00 04
www.editorasantuario.com.br
vendas@editorasantuario.com.br

Apresentação

É preciso redescobrir a beleza da vida. Vivemos marcados pela eficiência dos meios de comunicação, que prometem encurtar as distâncias e facilitar os encontros pessoais, grupais, comunitários. Mas não há encontro maior nem superável que o encontro dos pais com os filhos, da mamãe com sua criança. Nenhuma técnica poderá superar ou medir a intensidade do amor que se dá, no encontro da mãe com o filho.

É diante dessa grandeza inefável que propomos aos pais, principalmente à mamãe, a oração junto de seu filhinho ou sua filhinha. São tantos momentos sublimes e divinos, que não se poderá deixar passar despercebido nenhum deles. Essa relação profunda entre mãe e filhos deve ser exaltada em nossos dias, quando há tantas ameaças à vida. Pior, ainda, quando se relativiza o dom divino, o dom da vida.

A importância e o significado da presença da mãe junto da criança são incontestáveis. Evidente que a presença do pai é importante e fundamental, mas ela se dá de uma forma diferenciada, com outros cuidados, também exigentes. O amor e carinho do pai pela criança estão fora de qualquer relativização. Eles são fundamentalmente importantes. O equilíbrio emocional, psicológico e físico da criança fundamenta-se no equilíbrio do casal, dos pais. Por isso os dois devem estar em contínua sintonia e cumplicidade.

Em tempos em que a vida é ameaçada de tantas formas, e até estruturalmente, em uma sociedade que deseja tomar decisões sobre o direito inalienável e insubstituível da vida, propomos que vocês, papai e mamãe, exaltem o dom da vida. Não tenham medo de ser uma gota d'água no oceano, pois o oceano é formado por bilhões, incontáveis gotas d'água. A vida está sempre em primeiro lugar e acima de qualquer outro valor ético.

Parabéns por vocês serem participantes da obra criadora de Deus, instrumento e sinal de amor.

Nossa Senhora e São José protejam e guardem vocês, papai e mamãe!

Amém!

Oração da Mamãe

"Sou mãe!
Fico feliz por poder participar
do ato criador de Deus.
Ele me chamou em seu amor infinito
para manifestar a vida que vem dele.
Sou mãe!
E mesmo que seja exigente essa missão,
mesmo diante de minhas inseguranças,
eu agradeço ao Senhor
ter-me feito vossa filha
e participante de vosso amor.
Obrigada, meu Deus,
guardai-me em vosso amor e abençoai-me!
Amém!"

Espaço para foto 10x15

Mamãe com o bebê nos braços

Oração do Papai

"Sou pai!
O Senhor me chamou
para a nobre missão
de guardar minha família em vosso amor.
Peço-vos, Senhor, meu Deus,
que me ilumineis com vossa bondade,
e assim eu saiba qual o melhor caminho a seguir
e a decisão que devo tomar,
na hora e no momento certos.
Com minha esposa
quero ser dom de vossa misericórdia,
vivendo em vosso amor infinito.
Inspirai-me em vossa bondade e abençoai-me!
Amém!"

Espaço para foto 10x15

Papai com o bebê nos braços

Oração da Mamãe Grávida

"Eu vos agradeço, Senhor,
Deus da Vida, a vida que trago em meu seio.
Sei que vós permitis que participemos de vossa obra criadora.
Por isso, agradeço a graça de ser mãe,
pois sei que isso é sinal transparente de vossa bênção sobre mim.
Agradeço-vos o dom da vida,
mesmo que os incômodos me acompanhem durante minha gravidez.
Somente peço que me ajudeis a vencer as dificuldades
e a ter a força necessária de cuidar desta vida, que trago em meu seio.
Vós sois meu Senhor,
por isso confio e espero em vós. Amém!"

(O pai toca com sua mão direita sua esposa e lhe diz:)

"Deus abençoe você e esta criança que traz em seu seio.
Que ela venha encher de alegria nossa vida:
Em nome do Pai † e do Filho e do Espírito Santo.
Amém."

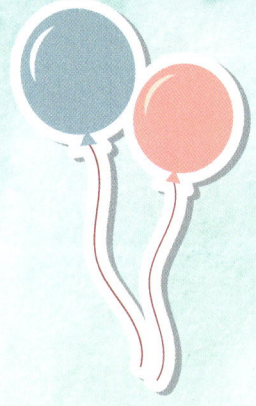

Espaço para foto 10x15

Mamãe grávida

O dia do Nascimento

Há apreensão,
mas há uma vida que deseja vir ao mundo.
Nada há de mais belo do que a vida...
É DOM de Deus, e a mamãe coparticipa de tão grande dádiva.
Então reze confiante com seu esposo:

"Senhor, meu Deus,
estou prestes a dar à luz uma nova vida.
Fico apreensiva e há preocupações.
Mas sei que vós estais ao meu lado,
por isso confio e nada temo.
Eu vos agradeço a nova vida que virá ao mundo e a meu lar.
É sinal de vossa bênção para comigo,
para com meu esposo e minha família.
Ficai, Senhor meu Deus, ao meu lado neste instante,
pois tudo espero em vós.
Maria Santíssima, que trouxestes o Filho de Deus,
Jesus, em vosso seio bendito,
amparai-me e guardai-me em vosso amor maternal.
Amém!"

Espaço para foto 10x15

Momentos antes do nascimento do bebê

Primeiro dia do bebê em sua casa

É momento de alegria, de emoção sem medida,
pois é a realização de toda a espera
e de toda a luta para se chegar a esse momento tão sublime.
Ao tocar sua criança,
a mamãe pode rezar:

"Meu Deus, como vós sois tão bom e tão belo.
Vossa beleza se manifesta nesta criança que acaba de nascer.
Eu vos agradeço esta vida nova que posso tocar, sentir e acarinhar.
A vida nos traz alegria porque vós sois vida em plenitude.
Obrigada, Senhor, por esta criança que me destes e me faz feliz.
Obrigada também por seu pai, que compartilha dessa mesma alegria.
Amém!"

Espaço para foto 10x15

Primeiro dia em casa

Amamentação

Amamentar uma criança é momento sublime e sagrado.
É a vida que continua a ser repartida.
A mamãe é agraciada por esse momento divino...
Ao observar sua criança, enquanto a amamenta, reze,
no silêncio de seu coração:

"Obrigada, meu Deus,
por esta vida e por este novo ser,
tão frágil, tão pequenino,
que quero cuidar com todo o meu amor materno.
A fragilidade desta criança vem nos lembrar
do quanto precisamos nos colocar em vossos braços divinos.
Somos frágeis também e necessitados de amor e de misericórdia.
Obrigada por esta criança que me destes.
Obrigada por este(esta) meu (minha) filho(a) _____,
que carreguei em meu seio e agora posso tocar.
Tocai-me, Senhor, com vossa bondade e vossa ternura,
pois não quero jamais desamparar esta nova criatura.
Amém!"

Espaço para foto 10x15

Momento da amamentação

Depois da Amamentação

Quando a criancinha terminar de ser amamentada,
ela vai dormir.
E a mamãe (e se possível o papai também) toque(m)
com suas mãos a criança e reze(em):

"**Deus te abençoe e te guarde;
faça-te feliz entre nós, tua família.
O Senhor te conceda a saúde necessária para viver em paz.
Os Anjos do Céu te guardem de todos os perigos.
Que tua vida seja cheia de paz e que tu alegres e animes nossa família.
Eu bendigo ao Senhor por tua vida.
Amém!**"

(Faça sobre a testa da criancinha o sinal da cruz, dizendo:)

"Deus, nosso Senhor, abençoe-te: Em nome do Pai †
e do Filho e do Espírito Santo. Amém!"

Espaço para foto 10x15

Sendo abençoado(a) pelos pais

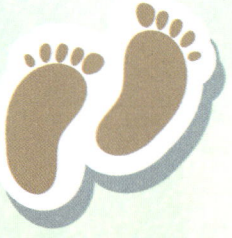

Quando a criança estiver dormindo nos braços da mamãe

"Ó Deus, como é bom sentir a vida e o coração deste meu filho
(desta minha filha) pulsando forte.
Ele(a) é sinal da grandeza e da beleza da vida que nos destes.
Assim como este meu filho (minha filha) repousa tranquilo(a) em meus braços,
todos nós repousamos tranquilos em vossos braços divinos.
Senhor, vós sois a vida e a paz.
Obrigada por esta criança que me destes.
Dai-lhe vossa paz.
Que ela cresça forte no corpo, no amor,
na generosidade.
Amém!"

(A mamãe coloca sua mão sobre a testa da criança e diz:)

"Deus te abençoe e te guarde, proteja-te e te faça feliz. Amém!"

Espaço para foto 10x15

Dormindo nos braços da mamãe

Presente eterno

Certamente,
a mamãe que gerou uma criança sabe que este filho ou esta filha
estará sempre presente em sua vida, em seu interior, em seus pensamentos...
A mãe nunca esquece a quem um dia deu a luz...
É a beleza da criação divina presente no meio de nossa humanidade.
Por isso, quando sua criança estiver dormindo,
contemple a beleza da criação e reze em silêncio, só em seu coração materno:

"Meu Deus, vós sois muito bom para mim,
pois me chamastes à maternidade.
Vós sois muito bom para mim,
pois me destes esta criança, que tanto amo.
Peço-vos, ó meu Senhor,
que a conservai na saúde,
abençoai seu coração, para que seja uma pessoa dócil,
generosa e sempre pronta para o bem e para a paz.
Dai-me também vossa luz,
para que eu saiba educá-la para a vida e para vós.
Por Cristo, nosso Senhor.
Amém!"

*(Em silêncio, a mamãe faz delicadamente
o sinal da cruz na testa da criança.)*

Espaço para foto 10x15

Acordado(a) no berço

Conversando com a criança

Muitas e muitas vezes, a mamãe e o papai conversam com a criança no colo.
É uma conversa divina, pois há uma relação profunda de vida.
Nós adultos nos esquecemos desses momentos sublimes e nos tornamos racionalistas,
violentos e pouco dados à ternura.
Quem ainda não observou o olhar confiante de uma criança,
quando seus pais conversam com ela?
Por isso, quando vocês,
mamãe ou papai, assim o fizerem, rezem em seu pensamento:

"Meu Deus, como vós sois tão bom e tão belo!
O olhar deste(desta) meu (minha) filho(a) mostra-nos vosso olhar envolvente
de amor e de bondade para conosco.
Ajudai-me, Senhor,
a romper minha rigidez interior, que a tudo racionaliza
e esquece a força da ternura,
que rompe a casca dura dos mais duros corações.
Que eu seja adulto(a),
mas que jamais perca a ternura, que constrói a vida e liberta as pessoas.
Ajudai-me, Jesus, Filho de Deus, nascido de Maria,
a ter um coração brando, terno e compassivo.
Amém!"

Espaço para foto 10x15

Brincando e aprendendo

Beijo no rostinho da criança

Certamente, Nossa Senhora muitas vezes beijou o rostinho do Menino Jesus,
tenro como uma planta mimosa.
O beijo é divino,
pois manifesta o acolhimento da nova criatura,
a ternura e o amor que se repartem com a nova criatura.
Isso faz Deus feliz! Pois onde há o amor,
Deus aí está!

(Beije sua criança e depois reze:)

"Meu Deus, como é bela e formosa a vida.
Nada poderá superar esse dom inefável de vosso amor.
Alegra-se minha existência por poder sentir tão de perto
vossa presença divina na vida desta frágil criança.
Farei até além de meu esforço,
para que ela vos ame muito,
seja uma pessoa bondosa e agraciada por vós. Amém!"

(Coloque uma de suas mãos sobre a cabeça da criança e reze:)

"O Senhor te abençoe e te guarde.
O Senhor te fortaleça em seu amor.
O Senhor te dê a saúde do corpo e da alma.
Amém!"

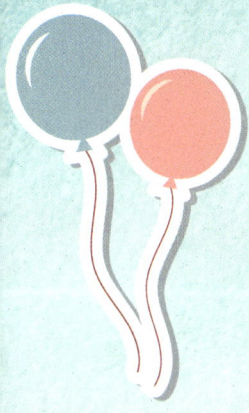

Espaço para foto 10x15

Primeiros beijos

Quando a criança estiver dormindo

No aconchego do colo materno,
a criança tem toda a segurança e dorme tranquila e em paz.
Com carinho, a mamãe coloca-a no berço e tudo prepara para
que fique aconchegante.

*(À noite, quando colocar sua criancinha para dormir,
estenda sobre ela suas mãos e reze:)*

"O Senhor esteja contigo nesta noite.
O Senhor te proteja e te dê a paz.
Enquanto tu dormes,
o Senhor te segure na palma de sua mão.
E quando tu acordares, amanhã bem cedo,
sente que tu tens um Deus, que te ama,
e também teus pais, que te acolhem com muito amor.
Senhor, faz este teu filho (esta tua filha)
crescer e viver em paz e amar muito a Jesus!
Amém!"

Espaço para foto 10x15

Dormindo de noite

O despertar da criança na manhã

Sabemos que a criança acorda bem cedo.
Às vezes, o choro é o sinal de seu despertar, misturado à fome natural e à insegurança de estar sozinha, sem sentir o calor materno. O calor será sempre um ótimo remédio!
O aconchego da mamãe é extremamente importante nessa hora.
Além dos cuidados necessários do momento, procure em uma hora confortável, dentro desse período dos cuidados matinais, rezar assim:

"Obrigada, Senhor meu Deus, por nos terdes conservado nesta noite,
a mim e a meu (minha) filhinho(a).
Abençoai-nos neste dia, como também a todas as mamães e seus filhinhos.
Conservai-nos em vossa paz, dai-nos saúde e um coração sempre bom, calmo, generoso e disposto a servir.
Ajudai-me neste dia a cuidar desta minha criança, que também é vossa,
pois fostes vós que lhe destes a vida.
Que, ao chegar o fim deste dia, depois da luta e do trabalho necessários, eu tenha um coração agradecido. Guardai neste dia, meu Senhor e meu Deus, minha criança, meu esposo e toda a minha família!
Amém!"

(A mamãe ou papai estendem a mão sobre a criança e rezam a oração abaixo, em seguida, fazem o sinal da cruz na testa da criança e a beijam serenamente.)

"Senhor, Deus de bondade,
abençoai este nosso filho (esta nossa filha) e todas as crianças do mundo.
Amém!"

Espaço para foto 10x15

Depois do banho

Preparando a criança para a celebração batismal

(Depois que a criança é preparada para o Batismo, os pais rezam:)

"Ó Deus, fonte eterna de bondade e de misericórdia,
este vosso filho (esta vossa filha)
hoje renascerá para a vida nova,
para a vida em vosso Espírito Santo.
Conservai em vosso amor esta criança que me destes,
que ela cresça em idade, sabedoria e graça,
como vosso Jesus.
Ajudai-me a dar-lhe o testemunho de uma fé viva,
e assim ela cresça confiando em vós.
Eu e meu esposo vos agradecemos, Senhor, nosso Deus,
pois em cada dia sentimos
vossa presença amiga e amorosa junto de nós.
Fazei-nos compreender as dificuldades dessa criança,
para ajudá-la a crescer e viver em paz. Amém!"

Alegrem-se todos com a vida nova recebida no Batismo,
graça divina, sinal indelével, ou seja, que jamais poderá ser tirado da vida da criança.
Celebrem com júbilo o que acabam de realizar: o Santo Batismo.
Deem graças a Deus por tão grande bênção!

Espaço para foto 10x15

Momentos antes do Batismo

Os padrinhos abençoam o recém-batizado

(Após o Batismo, os padrinhos abençoam o[a] afilhado[a], estendendo as mãos sobre a criança, rezando:)

"Obrigado, ó Deus, pela vida de _____,
nosso(nossa) afilhado(a),
que é um presente especial para nós.
Queremos dividir com seus pais a alegria e a responsabilidade de educar esta criança para vós e para a salutar convivência humana,
ajudando-a a cultivar os grandes valores da vida.
Dai-nos vossa força e vossa inspiração para cumprirmos nossa missão.
Derramai agora e sempre sobre esta criança vossa bênção e paz.
Amém!"

(Em seguida o padrinho e a madrinha fazem o sinal da cruz na testa da criança, dizendo:)

"Em nome do Pai † e do Filho e do Espírito Santo. Amém!"

Espaço para foto 10x15

Com os padrinhos no dia do Batismo

Bênção dos pais para um(a) filho(a)

Quem o(a) batizou foi o Pe. _____.
Seus padrinhos foram: _____ e _____.

Farei o possível para lembrar este dia e fazer com que minha criança também se lembre dele durante toda a sua vida.

Os pais e padrinhos podem e devem abençoar sempre seu(sua) filho(a), seu(sua) afilhado(a).
Façam isso sempre. Não receiem nem se envergonhem de abençoar!
O que é de Deus deve ser feito sempre.

(Os pais poderão, no silêncio e no aconchego do lar, abençoar sua criança, rezando assim:)

"Ó Pai, vosso Filho Jesus deixava-se rodear pelas crianças.
Tocava nelas, abençoava-as e nos ensinava que elas são como os anjos do céu, que estão sempre diante de vós.
Com muita gratidão a vós, que nos chamastes para participar de vossa criação, apresentamos-vos nosso(a) filho(a).
Guardai esta criança em vosso coração, tocai-a com vossas mãos e amparai-a.
Nós vamos cuidar com amor desta vida nova e contamos com vossa graça e bondade.
Amém!"

(Os pais impõem as mãos sobre a criança, em silêncio!)

Espaço para foto 10x15

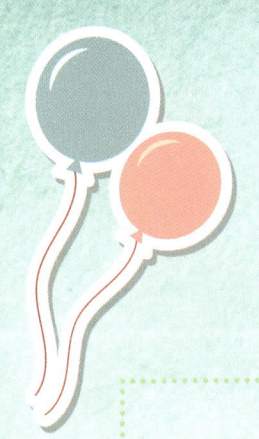

Com os pais no dia do Batismo

Mãezinha do céu

Nossa fé nos ensina que Maria, a escolhida de Deus, é Mãe que protege e guarda nossas crianças, pois ela guardou e protegeu Jesus. Isso mesmo: Maria cuidou muito de Jesus. Podemos até imaginar Jesus fazendo alguma peraltice... e Nossa Senhora lhe chamando a atenção, educando-o. Certamente, Jesus Menino brincou e se divertiu com as crianças de Nazaré. Maria é Mãe bendita, que está presente em nossa vida e ainda mais na vida de uma criança.

(Em momento oportuno, os pais rezem a Nossa Senhora, pedindo:)

"Mãezinha do Céu,
esta criança ainda não sabe rezar, mas nós vamos ensiná-la.
Nós também não sabemos rezar direito,
mas queremos que nossa vida seja de gratidão.
Obrigado(a), ó Mãe, pela vida de nossa criança.
Tomai-a em vosso coração materno e guardai-a.
Segurai sua mãozinha e protegei-a.
Tomai-a em vossos braços maternos e acalentai-a.
Contemplai, ó Mãe, este rosto tão tenro e tão sereno e lembrai-vos do Menino Jesus, que vós contemplastes sem cessar.
Nós vos entregamos e vos consagramos este(esta) nosso(nossa) filho(a) _____, agora e para sempre.
Amém!"

(Os pais beijam ternamente sua criança.)

Espaço para foto 10x15

Com a madrinha de consagração,
ao lado de Nossa Senhora

Orações para os pais ensinarem a sua criança

Os primeiros educadores das crianças na fé são os pais.
São os pais os primeiros comunicadores da verdade cristã a seus filhos.
Convencidos da verdade de Cristo a transmitem com alegria.
Devem mostrar que Deus é Pai, que nos ama sem cessar,
e que em Cristo temos a vida e salvação.
Não tenham receio de ensinar aos filhos a viverem a fé,
pois essa é uma herança inestimável.

Espaço para foto 10x15

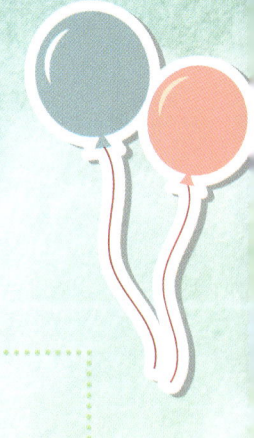

Sendo batizado

Sinal da Cruz

Pelo sinal † da Santa Cruz, livrai-nos,
Deus † Nosso Senhor, dos nossos † inimigos.
Em nome do Pai † e do Filho e do Espírito Santo.
Amém.

Pai-Nosso

Pai nosso, que estais nos céus, santificado
seja o vosso nome; venha a nós o vosso reino;
seja feita avossa vontade, assim na terra como no céu.
O pão nosso de cada dia nos dai hoje; perdoai-nos as nossas
ofensas, assim como nós perdoamos a quem nos tem ofendido.
Não nos deixeis cair em tentação. Mas livrai-nos do mal.
Amém.

Ave-Maria

Ave, Maria, cheia de graça, o Senhor é
convosco, bendita sois vós entre as mulheres
e bendito éo fruto do vosso ventre, Jesus.
Santa Maria, Mãe de Deus, rogai por nós, pecadores,
agora e na hora de nossa morte.
Amém.

Espaço para foto 10x15

Com os avós e toda a família

Glória ao Pai

Glória ao Pai, ao Filho e ao Espírito Santo.
Como era no princípio, agora e sempre.
Amém.

Salve, Rainha

Salve, Rainha, Mãe de misericórdia, vida,
doçura e esperança nossa, salve! A vós bradamos, os degredados
filhos de Eva; a vós suspiramos, gemendo e chorando
neste vale de lágrimas. Eia, pois, Advogada nossa,
esses vossos olhos misericordiosos a nós volvei e depois
deste desterro mostrai-nos Jesus, bendito fruto do vosso
ventre, ó clemente, ó piedosa, ó doce Virgem Maria!
Rogai por nós, Santa Mãe de Deus, para que sejamos dignos
das promessas de Cristo.
Amém.

Oração ao Anjo da Guarda

Santo Anjo do Senhor,
meu zeloso guardador,
já que a ti me confiou
a piedade divina,
sempre me rege,
guarda, governa,
ilumina.
Amém.

Espaço para foto 10x15

Um momento especial

O Anjo do Senhor

— O Anjo do Senhor anunciou a Maria.
— E ela concebeu do Espírito Santo. *Ave, Maria...*
— Eis aqui a serva do Senhor.
— Faça-se em mim segundo a vossa palavra. *Ave, Maria...*
— E o verbo se fez carne.
— E habitou entre nós. *Ave, Maria...*
— Rogai por nós, Santa Mãe de Deus,
— Para que sejamos dignos das promessas de Cristo.
Oremos: Infundi, Senhor, nós vos rogamos, a vossa graça em nossos corações, para que nós, que conhecemos pela anunciação do anjo a encarnação de Jesus Cristo, vosso Filho, por sua paixão e morte na Cruz, cheguemos à glória da ressurreição. Pelo mesmo Cristo, nosso Senhor.
Amém.

Oração para as refeições

ANTES: Abençoai-nos, Senhor, e a este alimento que vamos tomar, graças a vossa bondade. *Pai nosso...*
DEPOIS: Nós vos agradecemos, Deus todo-poderoso, todos os benefícios que nos fizestes, especialmente este alimento que acabamos de tomar.
Ave, Maria...

Espaço para foto 10x15

Com os pais

Consagração da criança a Nossa Senhora

Maria é modelo de vida cristã e não pode faltar o amor a Maria,
pois por meio dela nos veio Jesus. Esse foi o desejo do Pai.
Ajude seu(sua) filho(a) a compreender a importância de Maria em nossa fé cristã.
Depois de Jesus, é a ela a quem devemos nos dirigir.
Consagrar a criança a Nossa Senhora é torná-la eleita de sua proteção.
Confiantes, os pais consagram sua criança à Mãe de Jesus.

*(Diante de uma imagem de Nossa Senhora, segurando a criança,
os pais rezam com fé, dizendo:)*

"Mãezinha do céu, sois nossa Mãe e também
a Mãe incomparável de nosso(nossa) filho(a).
Guardai sob vossa proteção esta vida tão tenra que necessita de tantos cuidados.
Vós que cuidastes de Jesus, o Filho de Deus,
cuidai desta criança com todo o vosso amor maternal e santo.
Nós confiamos em vossa presença e em vossa proteção junto de nossa família
e desta criança que amamos.
Por isso, ó Mãe, nós vos consagramos este(esta) nosso(nossa) filho(a).
Acolhei, guardai, protegei e abençoai esta criança,
que vos entregamos com toda a fé e de todo o coração.
— Rogai por nós, Santa Mãe de Deus,
— para que sejamos dignos das promessas de Cristo.
Amém!
— Ave, Maria, cheia de graça...

Viva a vida! Bendigamos ao Senhor, Deus da Vida,
pelo sublime e inefável dom que Ele nos deu! Amém!"